Spure nach.

Schreibe.

Y Y Y

y y y

Y y Y y

Finde Y y und spure nach.

Baby Pyramide Yacht

Yoga Yeti Dynamo Pony

Spure nach.

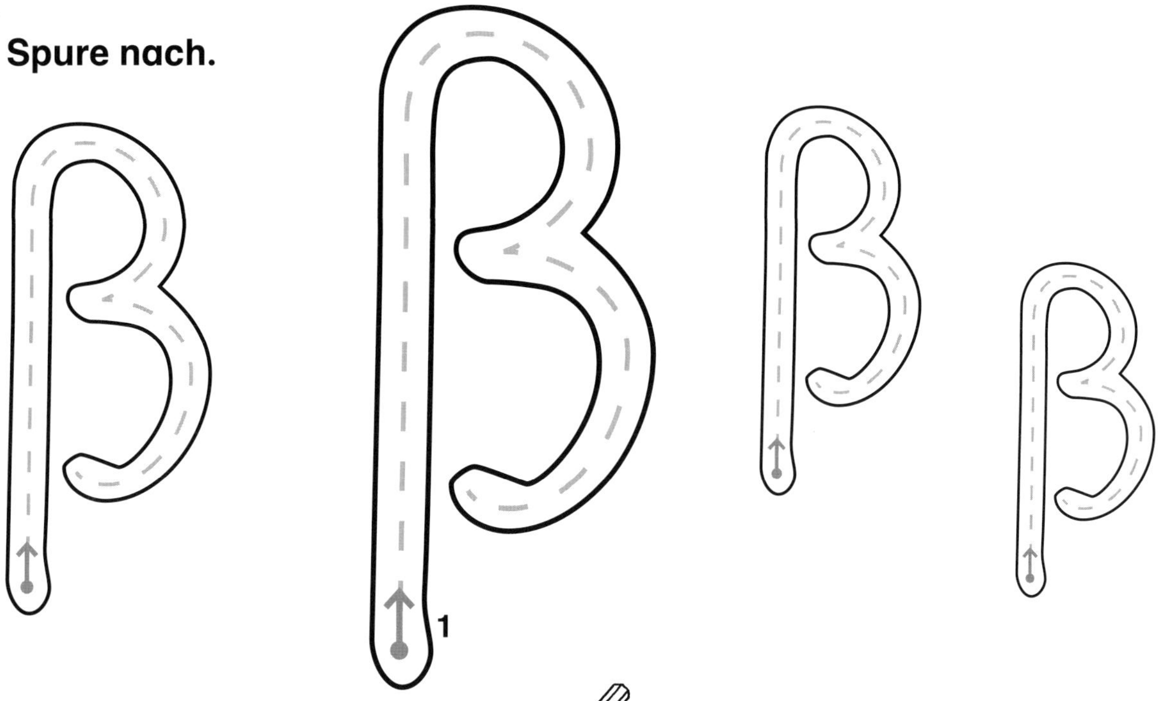

Male ß an.

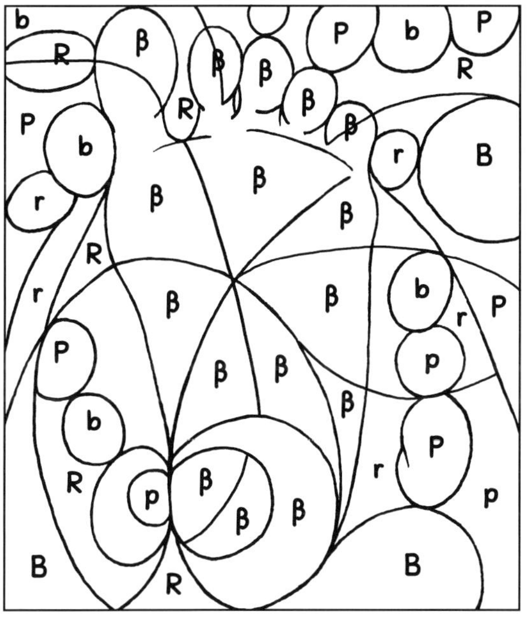

Kreise ß ein.

Grüße Ball süß groß
Füße Balkon Puppe
Soße Spaß heiß
Besen Klöße gießen
bunt große Straße Fuß
Ball heißen fließen
so Bikini Brief beißen

Schreibe.

ß ß

Fuß Fuß

groß groß

Spure nach.

qu

Qu qu

Qu

Schreibe.

Qu Qu

qu qu

Qu qu Qu qu

Finde Qu qu und spure nach.

Quark

quer Qualle quatschen

quietschen Qualm

quatschen Quatsch

Spure nach.

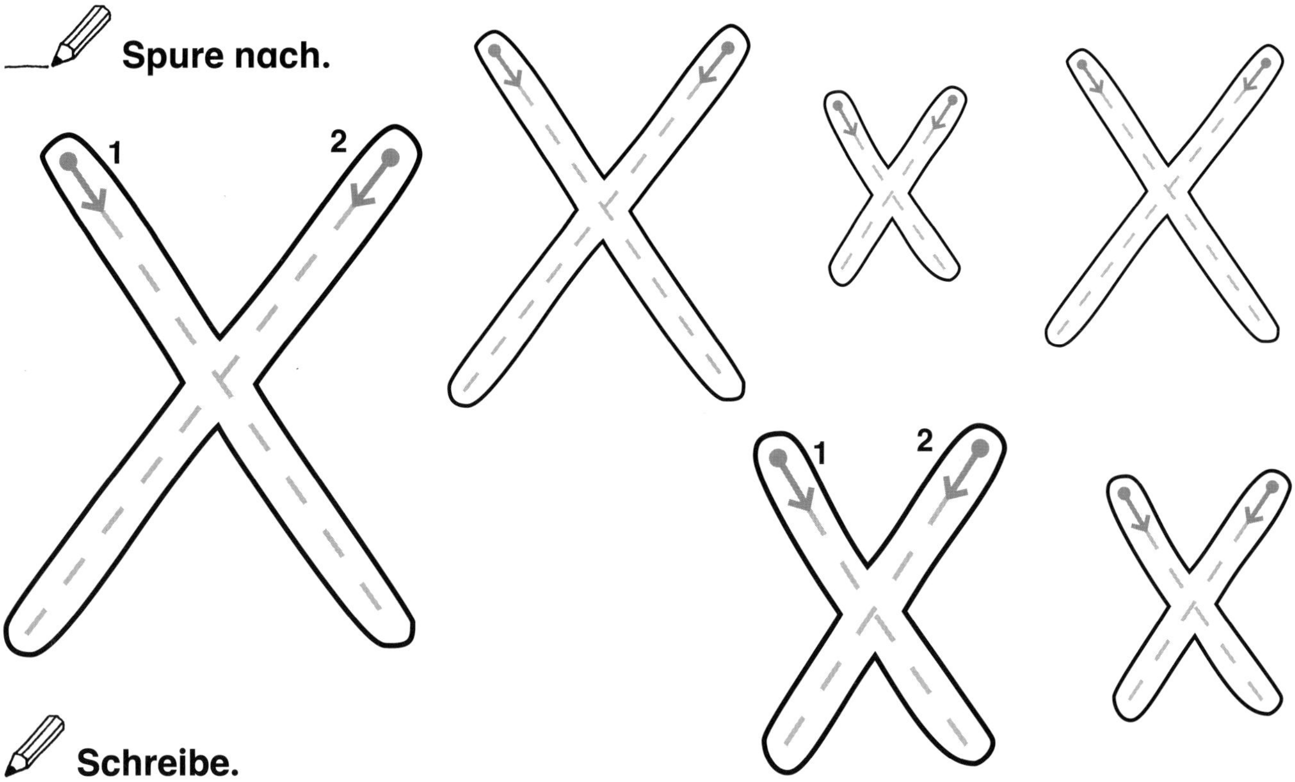

Schreibe.

X X X

x x x

X x X x

Male X x an.

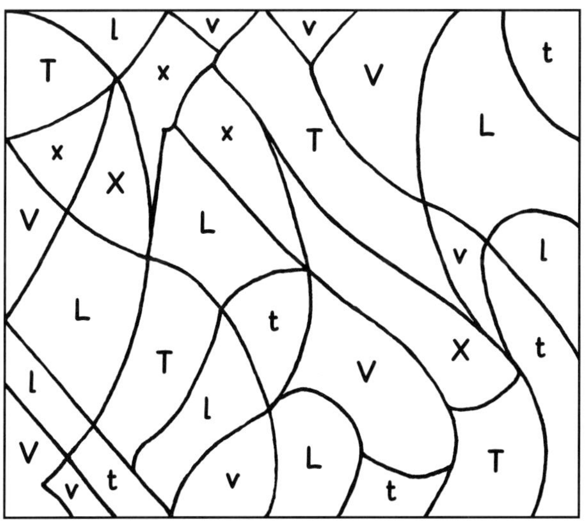

Kreise die Wörter mit X x ein.

Mixer	boxen	Haus
hexen	waschen	Nixe
Lexikon	lesen	Hose
Max	Taxi	schreiben
Hexe	Axt	Boxer
reden	Saxofon	vier
waschen	Nixe	Lexikon

Spure nach.

Welches Tier wird gesucht? Male ie an.

ei	e	ie	ei	ie	i	ie	e	i	ie	e	ei
l	ie	i	ie	e	ei	ie	ei	ie	ie	ie	ie
ie	ie	e	ei	i	ie	ie	ie	e	ie	i	ie
e	ie	ie	ie	ei	ie	ei	ie	ei	ie	ei	e
i	e	ei	ie	ie	ie	e	ie	e	ie	ie	l
ie	ei	i	ei	ie	e	ei	ie	ei	l	ie	ei
e	ei	ei	l	ie	ei	l	ie	ie	ie	ie	e
ie	i	e	ie	l	e	ie	e	ie	i	e	ie

Schreibe.

ie ie

Tiere

spielen

Spure nach.

St St St

st St st

Wohin führt der Steg? Male an.

sp	t	st	e	sp	t	sp	st	st	st	st	st	sp
st	st	st	st	t	st	st	st	t	st	e	s	st
e	t	e	sp	e	st	e	st	e	st	st	sp	t
st	st	st	sp	t	st	t	st	s	st	t	t	st
s	t	st	st	st	st	sp	st	t	st	e	st	s
st	s	e	st	e	s	t	s	st	st	st	st	st
st	st	t	st	e	sp	st	sp	s	st	t	e	sp

Schreibe.

St St

st st

Stift Stift

Spure nach.

Sp Sp Sp

sp Sp sp

Finde Sp sp und spure nach.

Spinnen sprechen nicht.
Essen Gespenster Spinat?
Sportler springen weit.

Schreibe.

Sp Sp

sp sp

Sp sp Sp sp

Spure nach.

1

1

Schreibe.

V V V

v v v

V v V v

Finde V v und spure nach.

Vogel Klavier Pullover

Kurve vier

Vase Vorhang Vater

von

Spure nach.

Ch Ch Ch

ch ch ch

Schreibe.

Ch Ch Ch

ch ch ch

Ch ch Ch ch

Finde Ch ch und kreise ein.

Der Chinese lacht.
Das Dach ist nicht dicht.
Auf dem Teich spiegelt sich ein Licht.
Diese Woche steht keine Milch im Kühlfach.

Spure nach.

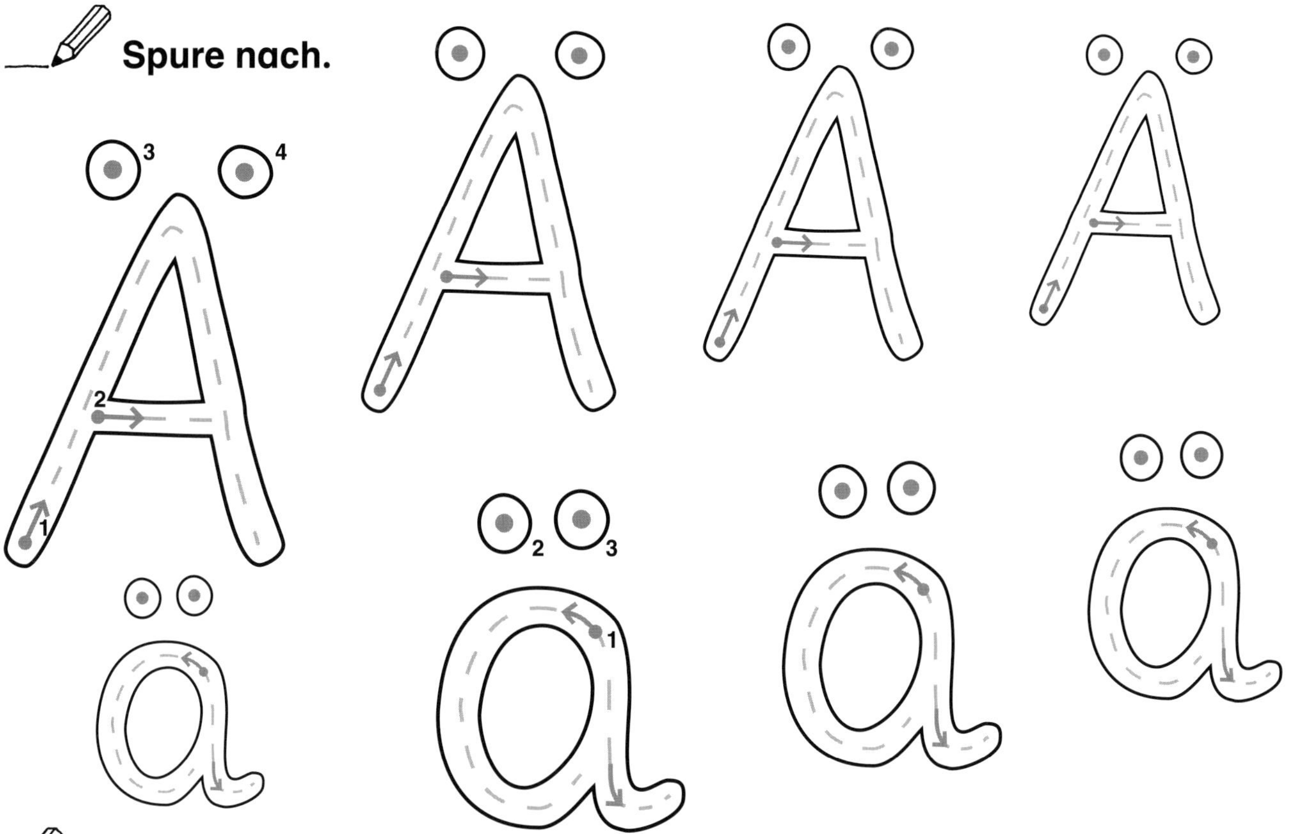

Schreibe.

Ä Ä Ä

ä ä ä

Ä ä Ä ä

Kreise die Wörter mit Ä ä ein.

Äpfel malen Bär

erzählen ärgern

Märchen

Hase sagen Säge

Spure nach.

Finde Ö ö und spure nach.

Der Löwe frisst keine Möhren.
Der König spielt Flöte.
Der Förster sieht ein Eichhörnchen.
Möwen und Kröten sind hässlich.
Der Frisör fönt die Haare.

Schreibe.

Ö Ö Ö

ö ö ö

Ö ö Ö ö

Spure nach.

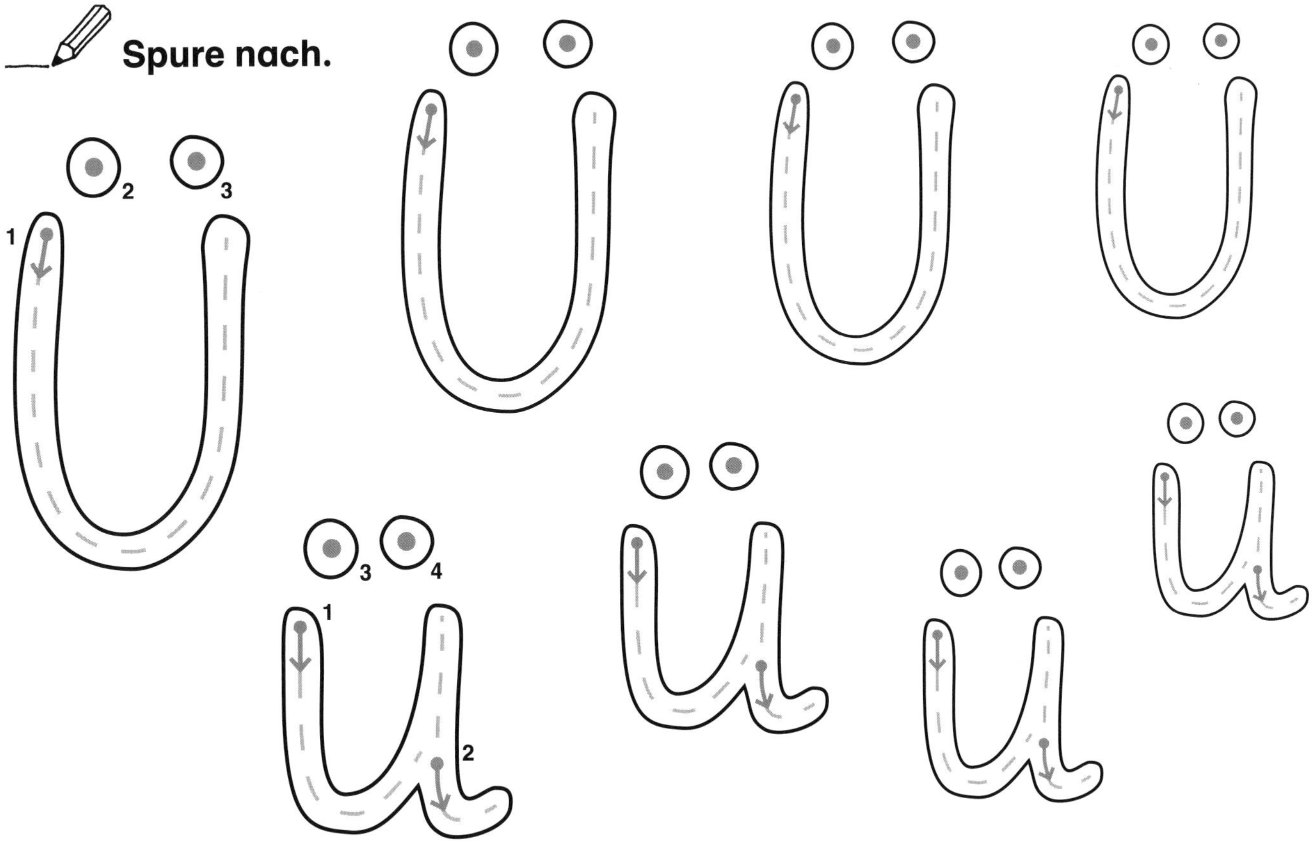

Male Ü ü an.

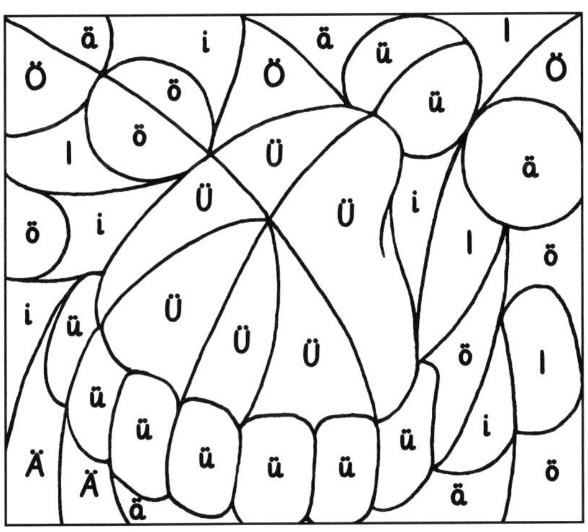

Kreise die Wörter mit ü ein.

Tür	Buch	Pfütze
überholen		Mühle
Bücher	Tor	Küken
ärgern	Gemüse	Hand
Kostüm	Maus	grün
Flöte	Tüte	erzählen
überlegen	Mütze	toll

Schreibe.

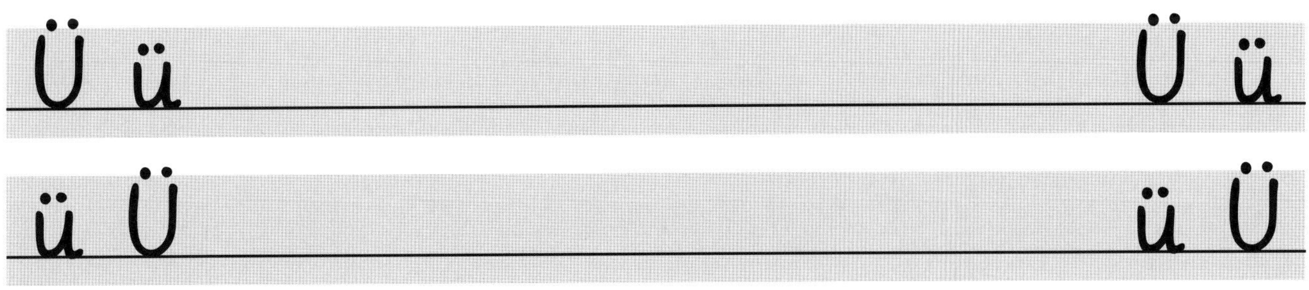

Spure nach.

Sch

Sch

sch sch

Schreibe.

Sch Sch

sch sch

Sch sch Sch sch

Male Sch sch an.

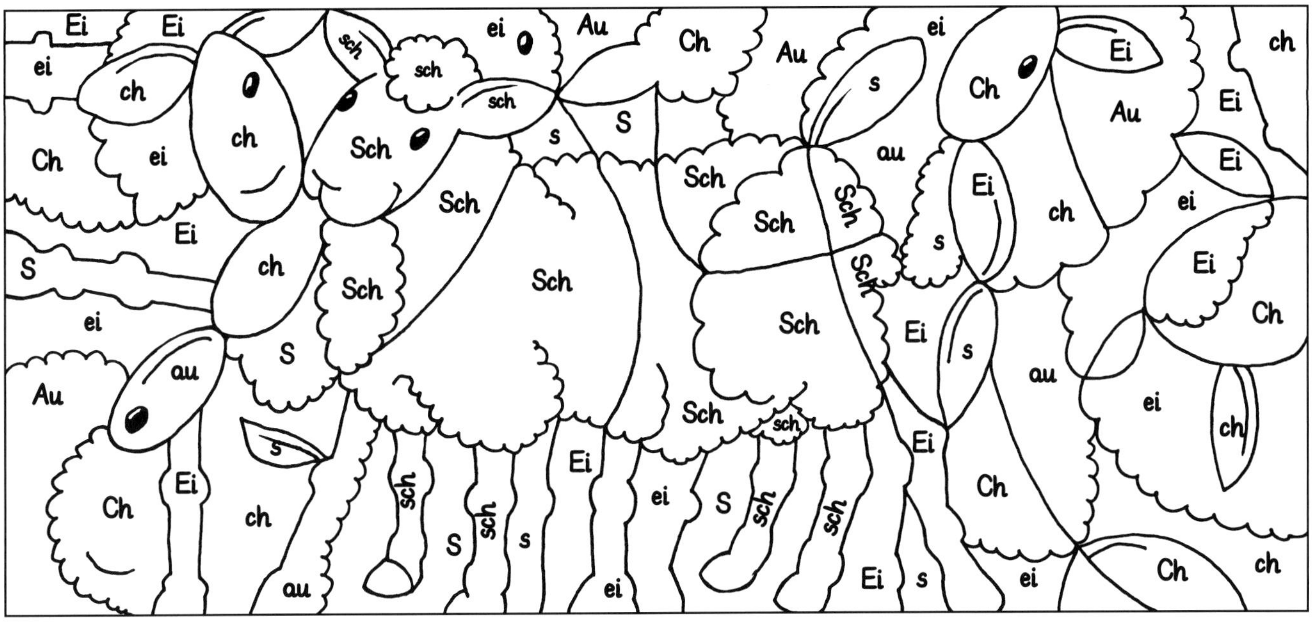

Schreibe.

Sch Sch

sch sch

Verbinde und schreibe.

sch

Sch

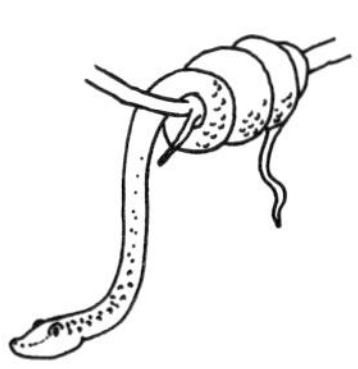

sch

Spure nach.

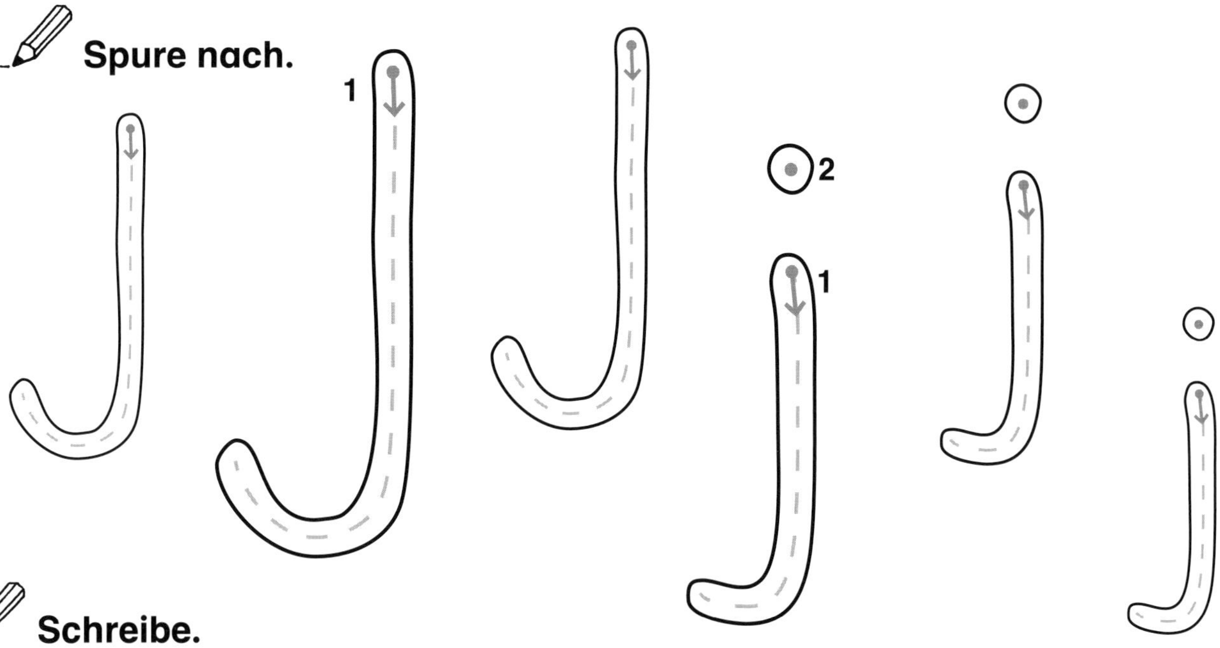

Schreibe.

J J J

j j j

J j J j

Kreise J j ein.

I J T t j J I L T t

J I I T L J T j I T

J L I J T t j J t L

T t J i I T L J T

j I T J L I J T t j

J I L T t J I t T L

J T j I T J L I J T

t j J I L T t J I I

T L J T j I T J L

Welches Wort beginnt mit J? Male an.

Spure nach.

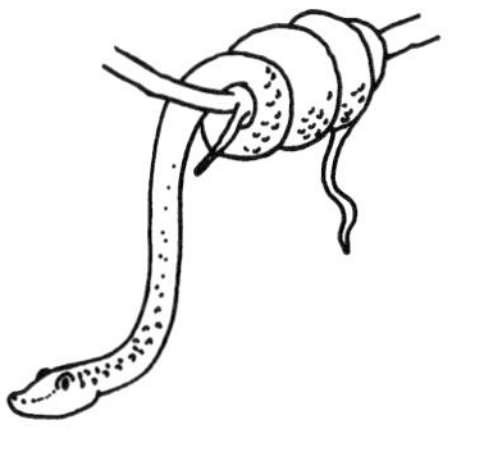

Schreibe.

G G G

g g g

G g G g

Kreise G g ein.

a D E F g f G A e g
G a A E f a g e E D
g f e d A g G a D E F
g f G A d e g G a A e
G f a e g f A e F G g

Schreibe.

G g G g

g G g G

Verbinde und schreibe.

G

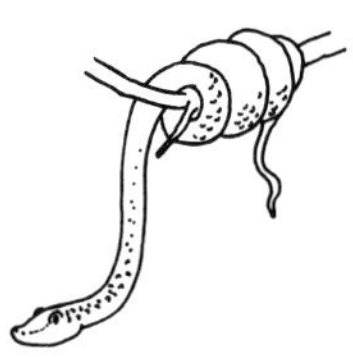

G

g

g

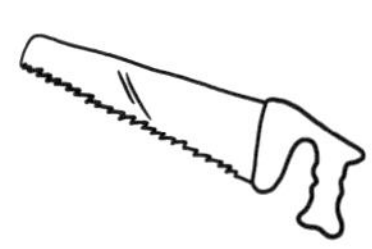

Spure nach.

F F F F

f f f f

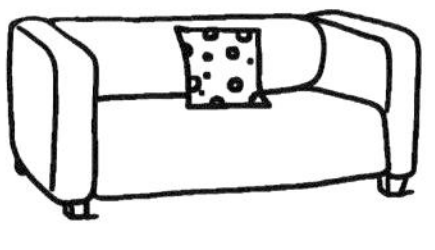

Schreibe.

F F

f f

F f F f

Finde F f und spure nach.

Schreibe.

F f F f

f F f F

Schreibe F , wenn du es am Wortanfang hörst.
Schreibe f , wenn du es in der Wortmitte hörst.

F

f

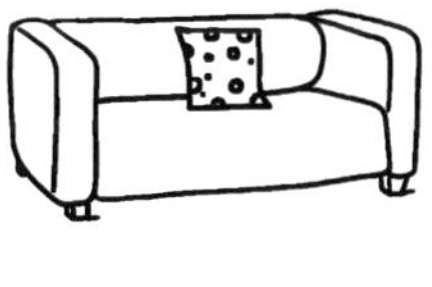

Spure nach.

P P P P

p p p p

Schreibe.

P P P

p p p

P p P p

Kreise P p ein.

P	b	p	B	a	f	p	P	B	p	F	
g	g	P	a	B	P	g	f	p	B	F	
P	a	p	P	f	g	P	b	p	B	a	f
p	P	B	p	F	g	g	P	a	B	P	
g	f	p	B	F	P	a	p	P	f	g	P

Schreibe.

P p P p

p P p P

Papa Papa

Finde P p und spure nach.

Spure nach.

Schreibe.

H H H

h h h

H h H h

Wo hörst du H?
Male an.

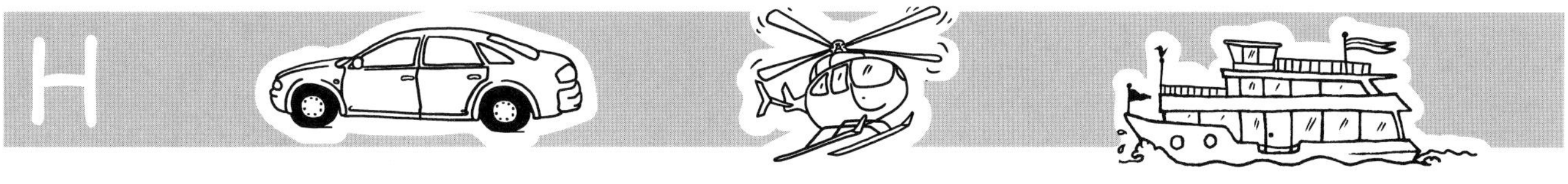

Schreibe.

Hh Hh

hH hH

Kreise H ein.

H	K	T	A	H	T	A	K
T	H	A	K	T	H	K	H
A	T	K	H	H	T	A	K
H	K	T	A	H	T	A	K
T	H	A	K	T	H	K	H
A	T	K	H	H	T	A	K
H	K	T	A	H	T	A	K
T	H	A	K	T	H	K	H
A	T	K	H	H	T	A	K

Finde h und spure nach.

Spure nach.

Schreibe.

R R R

r r r

R r R r

Finde R r und spure nach.

Der rosa Roller rollt.

Ritter und Piraten.

Das Radio in der Rakete.

Runde Räder rollen besser.

Wo hörst du R r? Male an.

R   

r 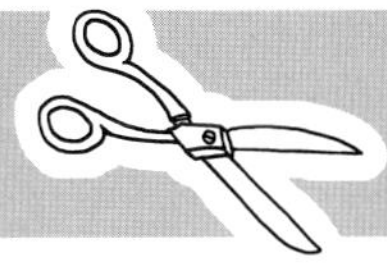 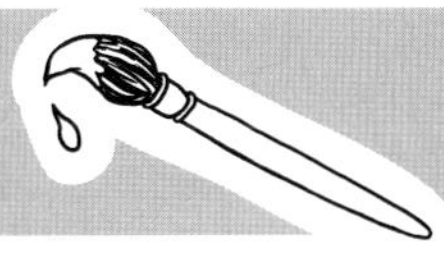 

R   

Schreibe.

R R

r r

R r R r

Roller Roller

Spure nach.

N N N N 

n n  n  n

Schreibe.

N N N

n n n

N n N n

Kreise N ein.

N	M	A	H	W	N	H
N	W	H	W	N	M	
H	A	W	H	A	A	H
N	W	A	N	M	A	H
W	N	H	N	W	H	
W	N	M	H	A	W	H
A	A	H	N	W	A	N
A	N	M	A	H	W	N
N	W	A	N	M	A	H

Finde n und spure nach.

Schreibe.

N n N n

n N n N

Verbinde und schreibe.

n

N

n

n

Inhalt

Vorwort

Liebe Kolleginnen und Kollegen,

mit den vorliegenden Kopiervorlagen zum Erlernen und Üben des Buchstabenschreibens halten Sie ein Material in den Händen, welches in erster Linie für die Schülerinnen und Schüler in Ihrer Klasse entwickelt wurde, denen das Schreiben der Buchstaben nicht so leicht von der Hand geht bzw. die bei der Wahrnehmung der Buchstaben etwas mehr Unterstützung brauchen.

Das Material folgt der alphabetischen Reihenfolge. Alle Arbeitsblätter sind zudem so angelegt, dass das Kind damit selbstständig arbeiten kann. Dadurch können die Kopiervorlagen zu jedem Lehrwerk ergänzend eingesetzt werden.
Bei den Aufgabenformaten handelt es sich um Übungen,

- bei denen der Buchstabe nachgespurt werden muss,
- bei denen der Buchstabe erkannt werden muss,
- bei denen der Buchstabe geschrieben werden muss und
- bei denen erste Wörter mit dem Buchstaben gelesen werden können.

Die Übungsformate wiederholen sich, um den Schülerinnen und Schülern eine vertraute Übungssituation anzubieten. Es wurde darauf geachtet, dass trotz der Ähnlichkeit in der Aufgabenstellung die „Aufgabenverpackung“ variiert, damit keine Langeweile beim Üben aufkommt.

Nicht jedes Arbeitsblatt muss von jedem Kind bearbeitet werden – entscheiden Sie selbst, mit welcher Aufgabenstellung die Schülerin/der Schüler am besten gefördert oder gefordert werden kann. Ist ein Arbeitsblatt von Ihnen ausgewählt worden, können Sie auch entscheiden, ob das Blatt vollständig ausgefüllt werden soll oder nur Teilaufgaben.

Die Kopiervorlagen eignen sich hervorragend für den Einsatz im Rahmen der Wochenplan- oder Freiarbeit. Wenn Sie den Kindern alle Kopiervorlagen zur Verfügung stellen, können die Kinder selbstständig auswählen und im Anschluss an die Bearbeitung die einzelnen Blätter in eine „Meine Buchstaben“-Mappe abheften. Auf diese Weise haben die Schülerinnen und Schüler eine bemerkenswerte Dokumentation über ihre ersten Lernerfolge vorliegen – motivierend für die zukünftige Arbeit bei anderen Projekten oder die Portfolio-Arbeit.

Ich hoffe, die Materialien können Sie gewinnbringend im Unterricht einsetzen – ich wünsche allen viel Erfolg und Spaß damit!

Spure nach.

A A A 

A 

a a a

a 

Schreibe.

A A A

a a a

A a A a

Kreise A ein.

A I O U E A I A E
U O A I A E O U I
E A O U I E A I A
E O E A I A E U O
A I A E O U E I U
O I U I A U O A I
E U O U E I O U
A I U O I E E A A
I O U A E I I O E
I O A E I O U I O

Male a an.

Schreibe.

A a A a

a A a A

Verbinde und schreibe.

A

X | A

| X a

Spure nach.

B B B

B

b b b

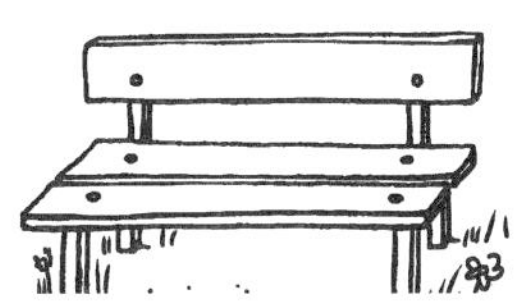

b

Schreibe.

B B B

b b b

B b B b

Finde B b und spure nach.

Welches Wort beginnt mit B?
Male an.

Schreibe.

B b B b

b B b B

Spure nach.

C C C c c c

Schreibe.

C C C

c c c

C c C c

Male C c an.

Kreise die Wörter mit C c ein.

Collie	Apfel	Clown
Computer	Comic	Tee
Baum	Comic	Collie
Cabrio	Maus	Collie
Clown	Computer	See
Comic	Collie	Clown
Heft	Computer	Oma
Collie	Cabrio	Comic

Spure nach.

Schreibe.

D D D

d d d

D d D d

Kreise D d ein.

A U d E D N d a D e n d E
N O A B b e D d n b E O
n B d e U e n A E b N D
E A E a D e d U d N D e
N U D O d e E N n E U e
O d e O D n N D A O B D
e d B d e U e n O U n e E
D A d a O n E d e D U O

Schreibe D , wenn du es am Wortanfang hörst.
Schreibe d , wenn du es in der Wortmitte hörst.

D

d

Schreibe.

D d D d

d D d D

Finde E und spure nach.

ELEFANTENFRESSENHEU

ESELUNDREHEFRESSENHEU

ESSENENGELGERNKEKSE

Kreise e ein.

a	i	o	u	e	a	i	a	e
u	o	a	i	a	e	o	u	i
e	a	o	u	i	e	a	i	a
e	o	e	a	i	a	e	u	o
a	i	a	e	o	u	e	i	u
o	i	u	i	a	u	o	a	i
e	u	o	u	e	i	o	u	
a	i	u	o	i	e	e	a	a
i	o	u	a	e	i	i	o	e
i	o	a	e	i	o	u	i	o

Finde E e und spure nach.

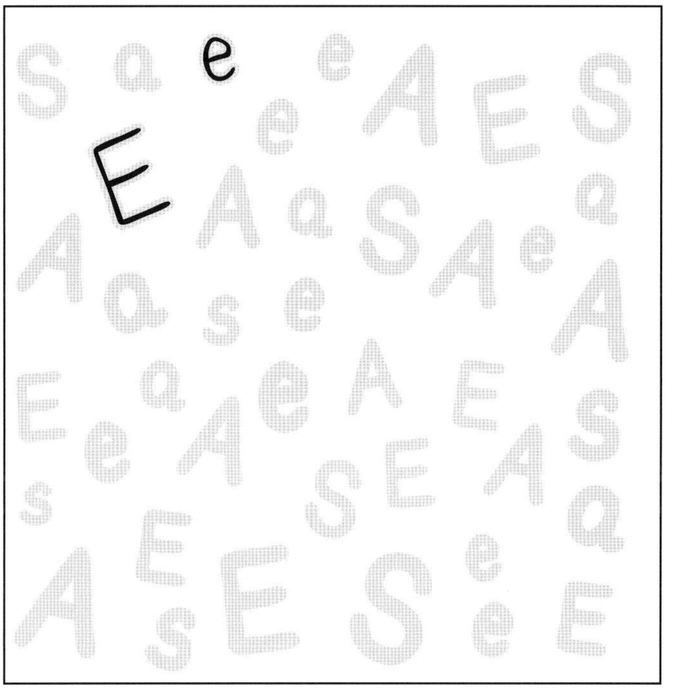

Schreibe.

E e E e

e E e E

Esel Esel

Spure nach.

Schreibe.

E e E e

e E e E

Spure nach.

Schreibe.

l l l

i i i

l i l i

Male I i an.

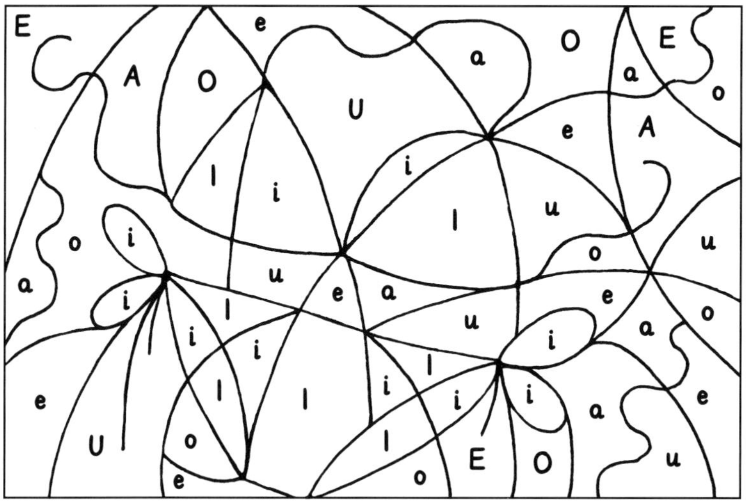

Wie viele i hörst du?

1 ☐

2 ☐

3 ☐

Spure I nach.

ESKIMOSSINDIMIGLU.

ISSTDERIGELKIWISODERZITRONEN?

Schreibe I.

I

Schreibe i.

i

Spure nach.

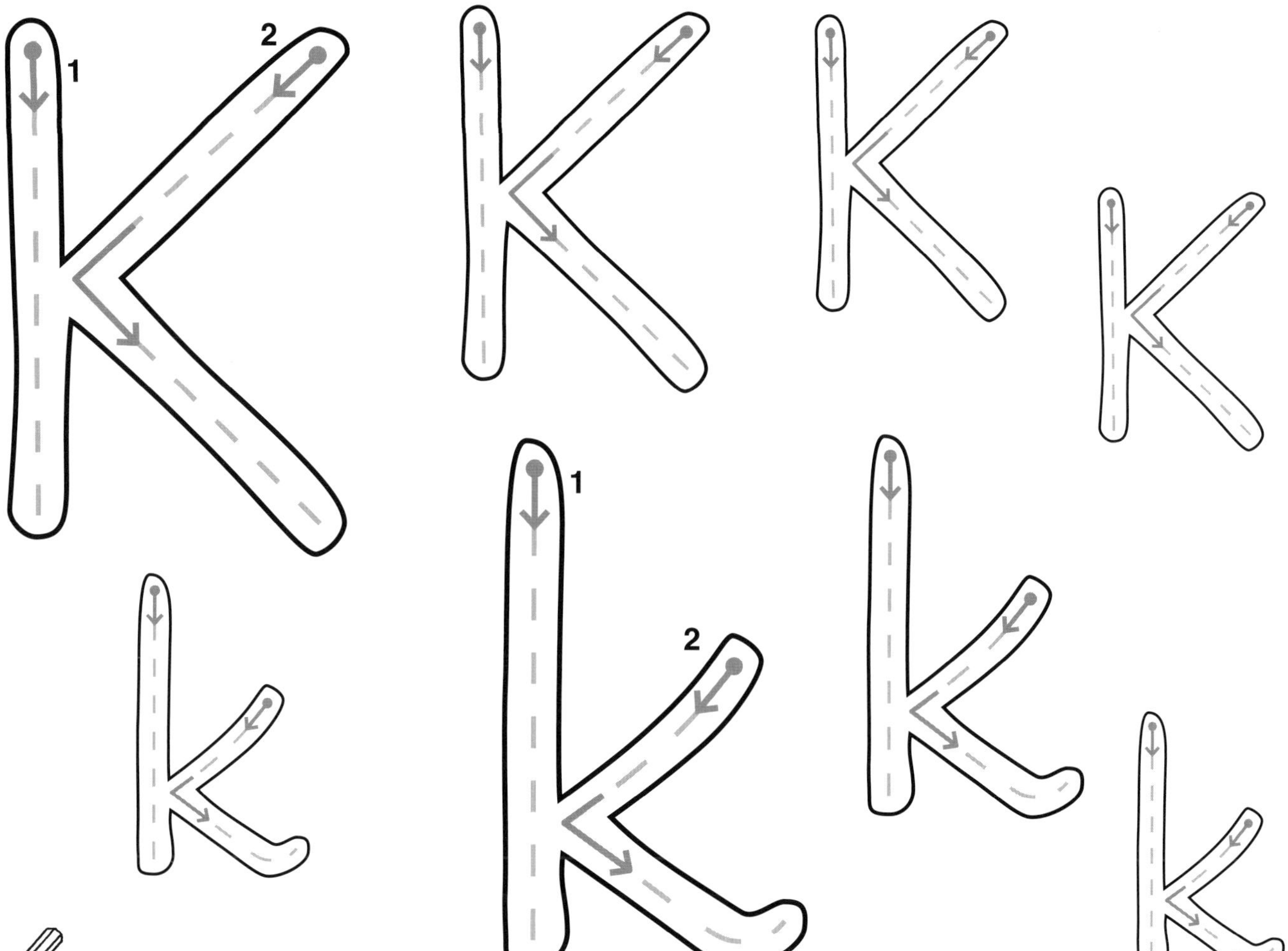

Schreibe K.

K

Schreibe k.

k

Kreise K k ein.

K	M	L	a	h	H	m	K	L	A	
k	a	m	k	l	K	M	A	k	L	k
H	A	L	m	k	K	a	M	L	a	h
H	m	K	L	A	k	a	m	k	l	K
M	A	k	L	k	H	A	L	m	k	K

Finde K k und spure nach.

Schreibe.

K K K

k k k

K k K k

Spure nach.

1

1

Schreibe.

L L L

l l l

L l L l

Male L l an.

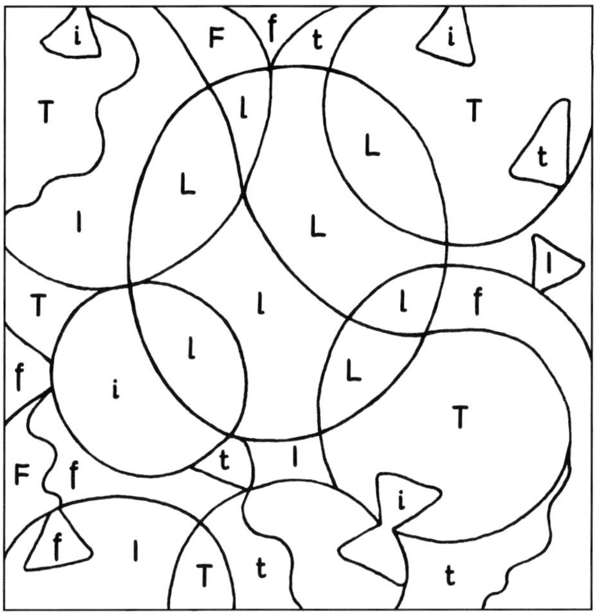

Spure L l nach.

L l t F L i L I h L
F L I f l I L J H F
L I I l i T F l t F L
i L I h L F L I f l
I L J H F L I I l t F
L i L I h L F L I f l
I L J H F L I I l t F

Schreibe.

L l L l

l L l L

Schreibe L, wenn du es am Wortanfang hörst.
Schreibe l, wenn du es in der Wortmitte hörst.

l

L

Spure nach.

1 M M

M M

1 m m

m
m

Schreibe.

M M M

m m m

M m M m

Finde M und spure nach.

K	M	L	a	h	H	m	K	L	A	
k	a	m	k	l	K	M	A	k	L	k
H	A	L	m	k	K	a	M	L	a	h
H	m	K	L	A	k	a	m	k	l	K

Schreibe.

M M M

m m m

M m M m

Wo hörst du M m? Male an.

M   

m  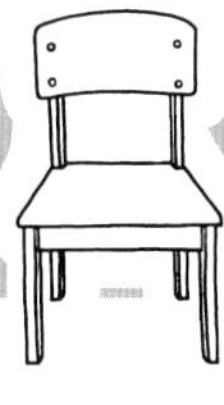 

M   

m   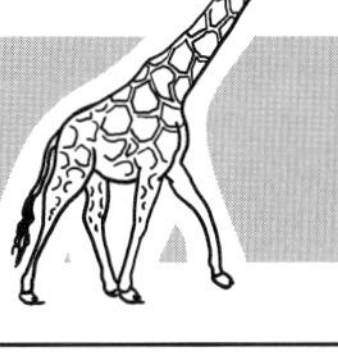

Spure nach.

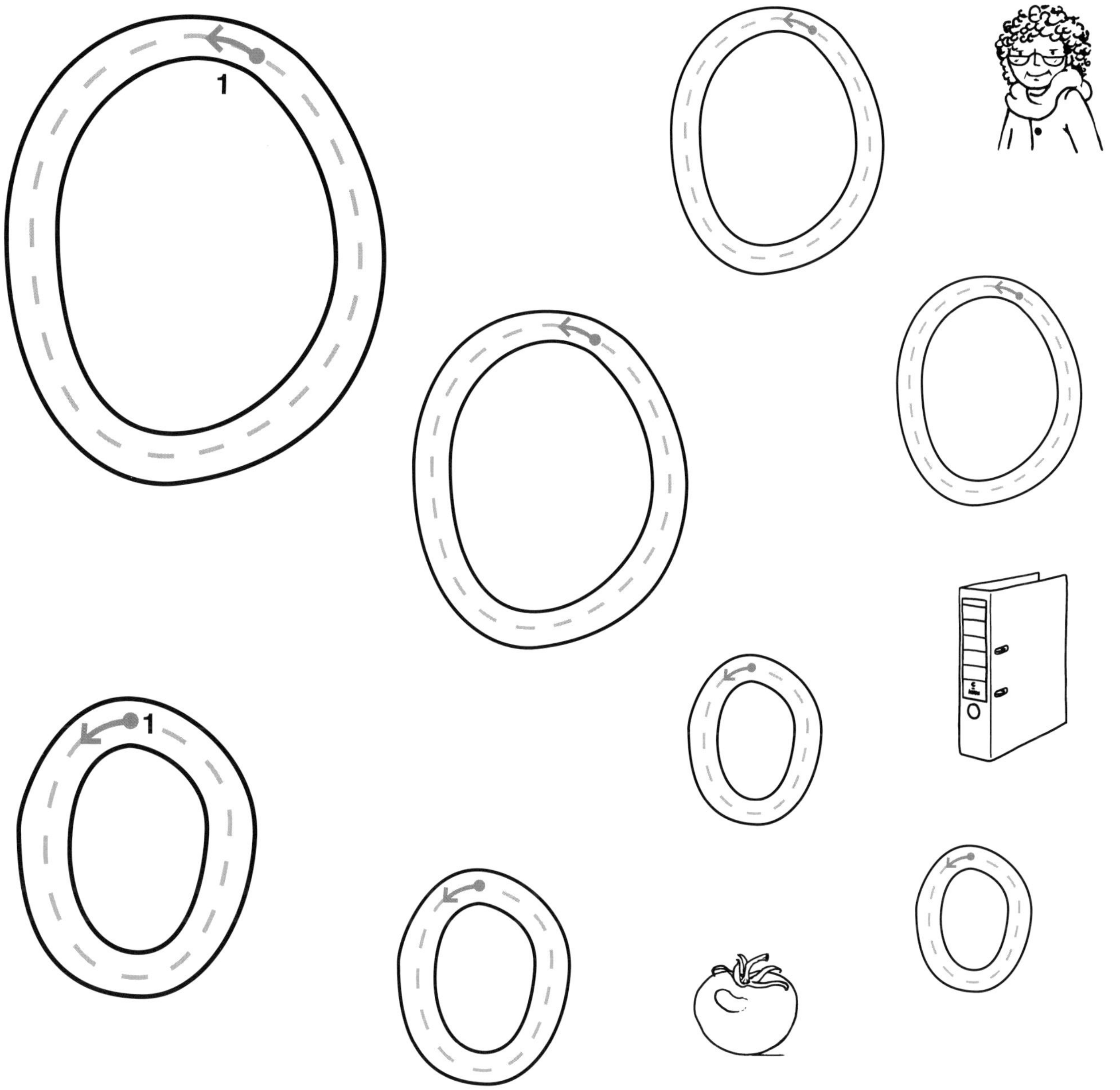

Schreibe.

O O O

o o o

O o O o

Wo hörst du O o? Male an.

Wo zerplatzt die Seifenblase? Male an.

a	O	b	O	a	o	e	o	o
o	o	o	o	e	b	a	o	b
b	a	e	o	b	o	b	e	o
O	b	e	o	e	o	o	o	e
O	e	b	o	b	o	b	o	b
b	o	a	o	o	o	o	o	o
o	o	e	O	b	O	a	o	a

Schreibe.

O o O o

o O o O

Spure nach.

Schreibe.

S S

s s

S s S s

Kreise S s ein.

S c E s z O S s o e z s C
E s O S e c Z E s S c e
C S e s Z o S e c E s z O
S s o e z s C E s O S e c
Z E s c e C S e s Z o S e

Schreibe.

S s S s

s S s S

Verbinde und schreibe.

s

S

s

s

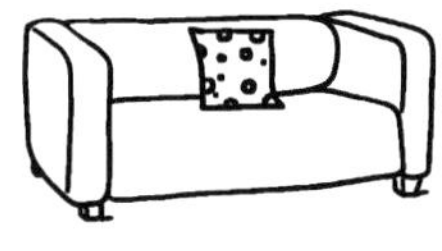

Spure nach.

Schreibe T.

T

Schreibe t.

t

Finde T t und spure nach.

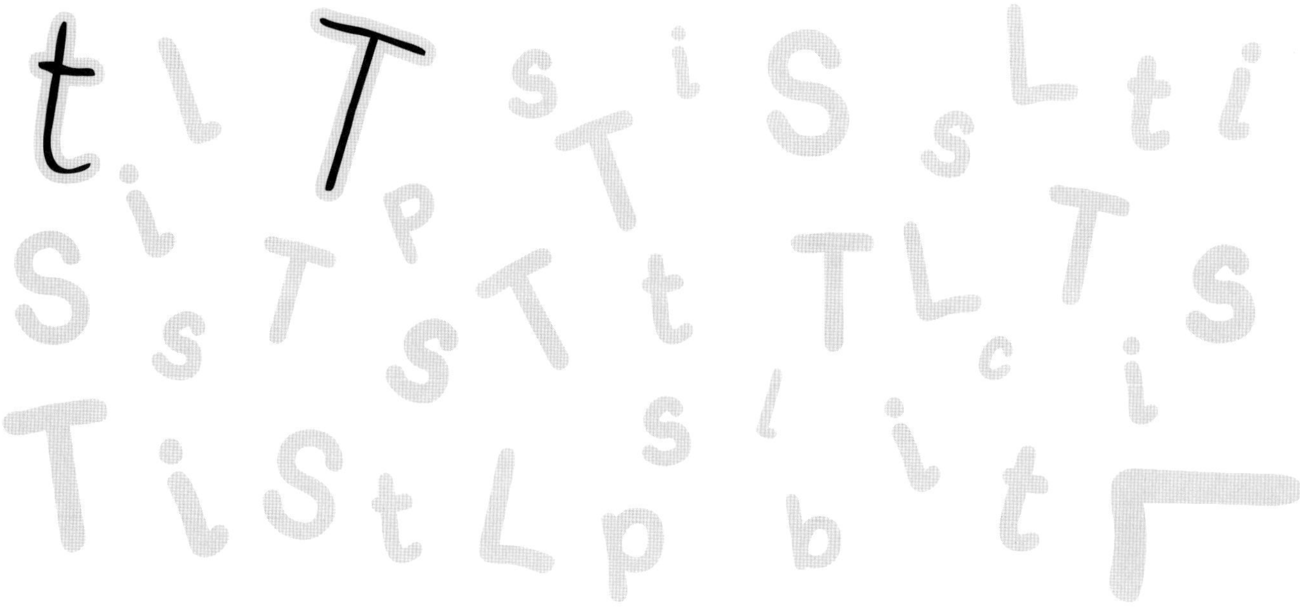

Schreibe.

T T T

t t t

T t T t

Kreise T ein.

t i T L L t l T i
L T t T l i L t T
i L t l i T L L t l
T i L T t T l i L
t T i L t l i T L L
t l T i L T t T l i
L t T i L t l i T L
L t l T i L T t T l

Male t an.

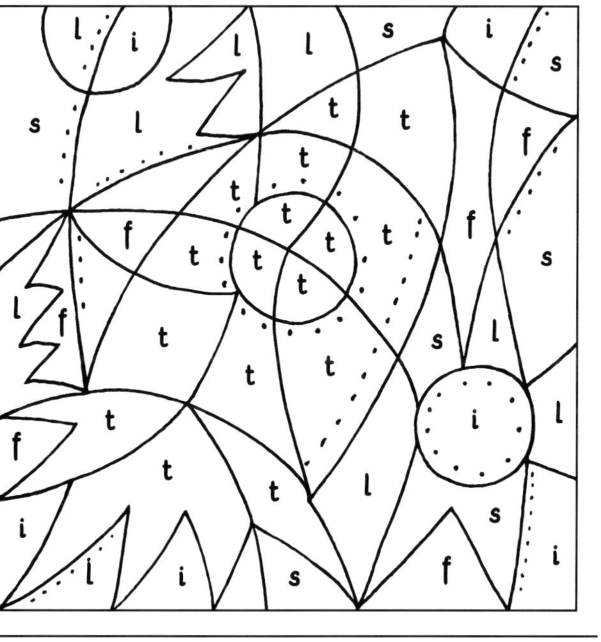

Spure nach.

1

1

Schreibe.

U U U

u u u

U u U u

Schreibe U.

U

Schreibe u.

u

Male u an.

Wie viele u hörst du?

1 ▢
2 ▢
3 ▢

Schreibe.

U u U u

u U u U

Spure nach.

1 W

w

W w

w

1 W

w

w

Schreibe.

W W W

w w w

W w W w

Finde W und spure nach.

Wo wohnt der Zwerg?
Was will der Wal?
Wohin wissen wir nicht.
Worauf wartet der Löwe?

Schreibe.

W w W w

w W w W

Wal Wal

Kreise W w ein.

V W A W u V v a
a W v U w W A
u v W a A V w A
W u V v a a W v
U w W A u v W
a A V w A W u V
v a a W v U w
W A u v W a A

Wo hörst du W w?
Male an.

Spure nach.

1

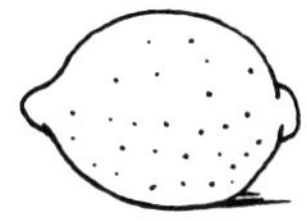

1

Schreibe.

Z Z Z

z z z

Z z Z z

Finde Z z und spure nach.

Zauberer zaubern im Zirkus
Salzige Brezel und Pilze
Zahme Zebras am Zaun
Ohne Zahnschmerzen im Zelt

**Wo hörst du Z z ?
Male an.**

Z 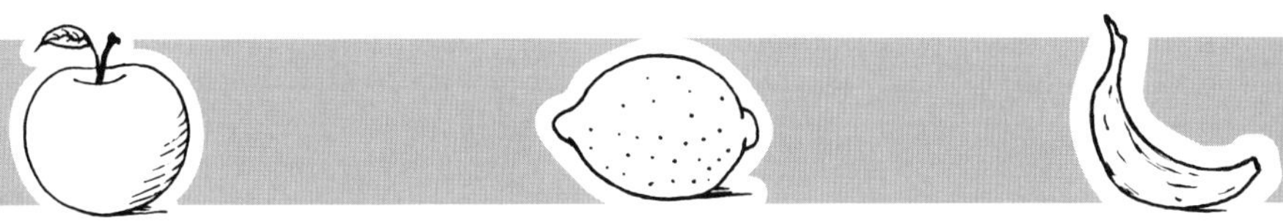

Z 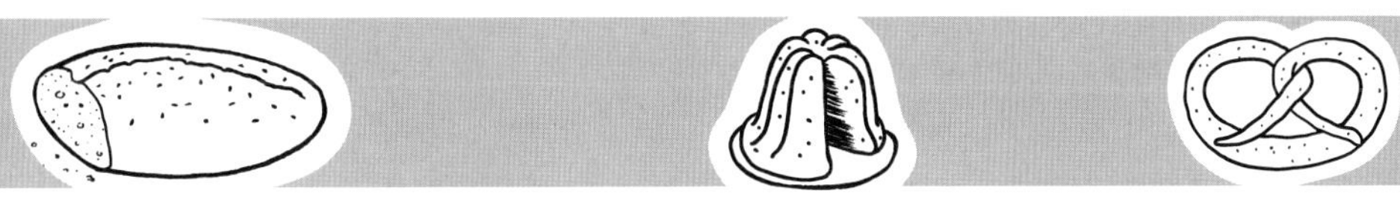

Z 

Z 

Schreibe.

Z z Z z

z Z z Z

Spure nach.

Au Au Au

au au au

Schreibe.

Au Au

au au

Au au Au au

Male Au au an.

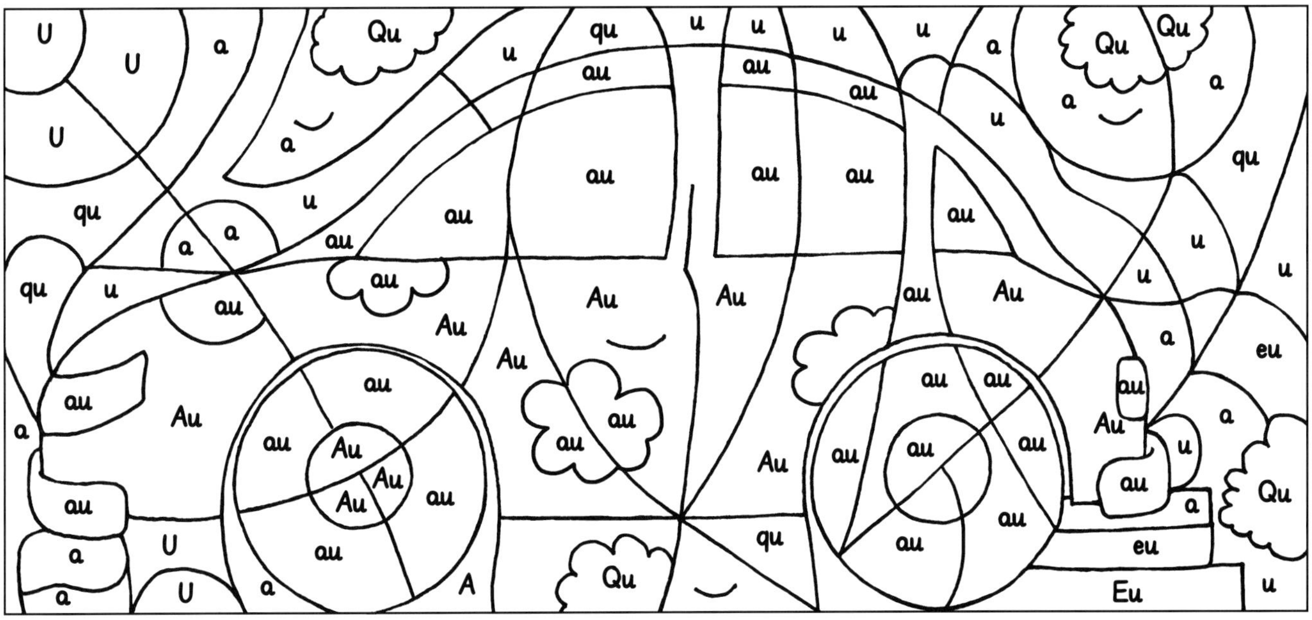

Das ist ein **Zaun** ☐ **Auto** ☐ **Baum** ☐

Schreibe.

Au au Au au

au Au au Au

Wo hörst du Au au? Male an.
Verbinde mit dem Wort.

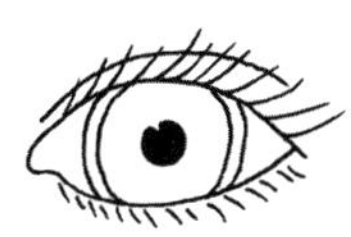

Auto Schaukel

Auge

Schaufel Raupe

Ananas

Baum

Spure nach.

Eu Eu Eu

eu eu eu

Finde Eu eu und spure nach.

Der Teufel macht Feuer

Neun Flugzeuge am Himmel

Die Eule hat ein Nest im Efeu

Feuer im Heuhaufen

Heute esse ich Zigeunerschnitzel

Schreibe.

Eu Eu

eu eu

Eu eu Eu eu

Spure nach.

1 2 3 4 E 2 1 i

Ei

Ei

2 1 e 2 1 i

ei

ei

Schreibe.

Ei Ei

ei ei

Ei ei Ei ei

Finde Ei ei und spure nach.

Schwein frisst Spiegelei
Polizei jagt Einhorn
Viele Ostereier im Eimer
Eichhörnchen an der Leine

Schreibe.

Ei ei Ei ei

ei Ei ei Ei

Verbinde und schreibe.

 ei 

 Ei 

 ei 

Spure nach.

Pf pf Pf pf pf pf

Schreibe.

Pf pf Pf pf

pf pf pf pf

Verbinde und schreibe.

pf

X	

Pf

	X

pf